BEI GRIN MACHT SICH IHR WISSEN BEZAHLT

- Wir veröffentlichen Ihre Hausarbeit, Bachelor- und Masterarbeit

- Ihr eigenes eBook und Buch - weltweit in allen wichtigen Shops

- Verdienen Sie an jedem Verkauf

Jetzt bei www.GRIN.com hochladen und kostenlos publizieren

Bibliografische Information der Deutschen Nationalbibliothek:

Die Deutsche Bibliothek verzeichnet diese Publikation in der Deutschen Nationalbibliografie; detaillierte bibliografische Daten sind im Internet über http://dnb.d-nb.de/ abrufbar.

Dieses Werk sowie alle darin enthaltenen einzelnen Beiträge und Abbildungen sind urheberrechtlich geschützt. Jede Verwertung, die nicht ausdrücklich vom Urheberrechtsschutz zugelassen ist, bedarf der vorherigen Zustimmung des Verlages. Das gilt insbesondere für Vervielfältigungen, Bearbeitungen, Übersetzungen, Mikroverfilmungen, Auswertungen durch Datenbanken und für die Einspeicherung und Verarbeitung in elektronische Systeme. Alle Rechte, auch die des auszugsweisen Nachdrucks, der fotomechanischen Wiedergabe (einschließlich Mikrokopie) sowie der Auswertung durch Datenbanken oder ähnliche Einrichtungen, vorbehalten.

Impressum:

Copyright © 2017 GRIN Verlag
Druck und Bindung: Books on Demand GmbH, Norderstedt Germany
ISBN: 9783668956995

Dieses Buch bei GRIN:

https://www.grin.com/document/461339

Julia Keller

Psychologie des Gesundheitsverhaltens. Einsendeaufgabe zur Selbstwirksamkeitserwartung

GRIN - Your knowledge has value

Der GRIN Verlag publiziert seit 1998 wissenschaftliche Arbeiten von Studenten, Hochschullehrern und anderen Akademikern als eBook und gedrucktes Buch. Die Verlagswebsite www.grin.com ist die ideale Plattform zur Veröffentlichung von Hausarbeiten, Abschlussarbeiten, wissenschaftlichen Aufsätzen, Dissertationen und Fachbüchern.

Besuchen Sie uns im Internet:

http://www.grin.com/

http://www.facebook.com/grincom

http://www.twitter.com/grin_com

Deutsche Hochschule für
Prävention und Gesundheitsmanagement
Hermann Neuberger Sportschule 3
66123 Saarbrücken

Einsendeaufgabe

Fachmodul:	Psychologie des Gesundheitsverhaltens
Studiengang:	Betriebliches Gesundheitsmanagement
Datum Präsenzphase:	10.04-12.04.2017
Name, Vorname:	Keller, Julia
Studienort:	**Hamburg**
Semester:	**WS 2016**

Inhaltsverzeichnis

1 SELBSTWIRKSAMKEITSERWARTUNG

1.1 Definition Selbstwirksamkeitserwartung..3
1.2 Messung der spezifischen Selbstwirksamkeit zur gesunden Ernährung..................3
1.3 Gegenüberstellung zweier Studien..4

2 LITERATURRECHERCHE 5

2.1 Definition der Sucht..5
2.2 Theoretische Grundlagen substanzgebundener Suchterkrankungen.........................6
2.3 Entstehung der Tabaksucht..6
2.4 Überblick über aktuelle Daten und Zahlen..7
2.5 Prävention und Interventionsprogramme zur Reduzierung von Risiken...................7
2.6 Konsequenzen für eine gesundheitsorientierte Beratung..8

3 BERATUNGSGESPRÄCH..9

3.1 Einordnung des Kunden in das transtheoretische Modell...9
3.2 Rolle des Beraters..9
3.3 Gesprächsverlauf des Beratungsgesprächs..10

4 LITERATURVERZEICHNIS...14

5 ABBILDUNGS- UND TABELLENVERZEICHNIS 15

5.1 Abbildungsverzeichnis...15
5.2 Tabellenverzeichnis...15

1 Selbstwirksamkeitserwartung

Das erste Kapitel behandelt das Thema der Selbstwirksamkeitserwartung, beginnend mit der Definition, folgend mit einer Messung der Selbstwirksamkeit zur gesunden Ernährung und abschließend mit einem Vergleich zweier Studien.

1.1 Definition Selbstwirksamkeitserwartung

Die Selbstwirksamkeitserwartung ist das Können, seine eigenes Wissen und Talent zu nutzen, um alltägliche Anforderungen und Konflikte zu meistern. Diese Bezeichnung ist auch unter „Kompetenzerwartung" geläufig.

„Perceived self-efficacy is concerned not with the number of skills you have, but with what you believe you can do with what you have under a variety of circumstances" (Bandura, 1997, S. 37).

1.2 Messung der spezifischen Selbstwirksamkeit zur gesunden Ernährung

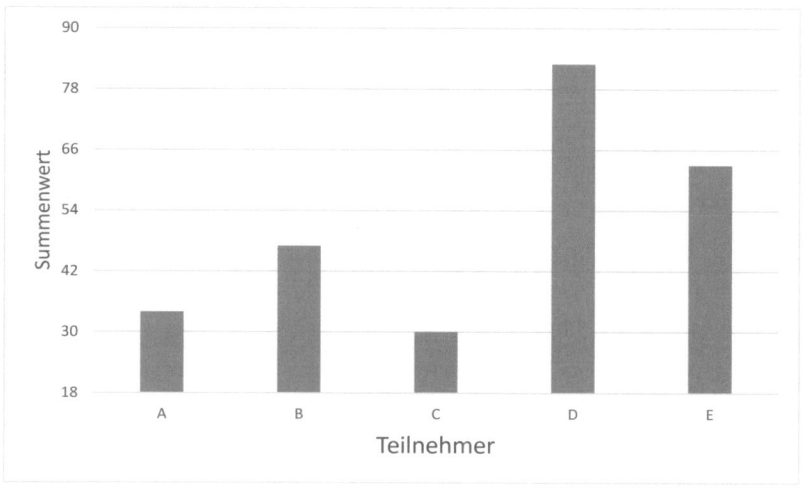

Abb. 1: Summenwerte der Selbstwirksamkeits zur Befragung "gesunde Ernährung"

Durch den aufsummierter Score zwischen 18 und 90 bei fünf verschiedenen Teilnehmern, die mit A bis E deklariert sind, in einem Antwortformat „gar nicht sicher" (1) bis „ganz sicher" (5), wurde der oben aufgeführte Gesamtscore berechnet. Je sicherer sich die Teilnehmer trotz verschiedener in- und externer Umstände auf gesunde Ernährung zurückgreifen zu können, desto höher ist auch der Summenwert und somit die Selbstwirksamkeit. Es ist klar aufzuzeigen, dass beispielsweise Teilnehmer D sein gesundes Verhalten somit erfolgreicher aufrechterhalten kann, als Teilnehmer C. Zudem hat auch beispielsweise Teilnehmer E eine niedrigere Wahrscheinlichkeit eines Tages an einer koronaren Herzkrankheit oder Diabetes mellitus Typ 2 zu erkranken, als Teilnehmer A.

1.3 Gegenüberstellung zweier Studien

Tab. 1: Vergleich zweier Studien zur Selbstwirksamkeit (Dohnke, Müller, Fahrnow, & Knäuper, 2006, S. 11-20), (Schneider & Rief, 2007, S. 46-56).

	Dohnke et al. (2006)	Schneider & Rief (2007)
Fragestellung (en)	• Tragen hohe Ergebnis- und Selbstwirksamkeitserwartung zum Erfolg einer Reha bei? • Wird das Ausmaß der Erwartungstypen durch den Gesundheitszustand sowie behandlungsbezogene Erfahrungen beeinflusst?	• Führen Therapieerfolge in Schmerzbewältigung und Beeinträchtigung zur Steigerung der Selbstwirksamkeitserwartung? • Welchen relativen Beitrag leisten Erfolge in diesen Bereichen?
Stichprobe	• 1065 Patienten mit Hüftgelenkersatz	• 316 Patienten mit somatoformer Schmerzstörung
Materialen/Test	• Fragebögen zum körperlicher Gesundheitszustand und emotionales Wohlbefinden	• Theoriegeleitete Strukturgleichungsmodelle mit Pfadanalyse analysiert und kreuzvalidiert • Befragung Therapierfolgsrating
Untersuchungsdesign	• Multizentrische Längsschnittstudie	• Feldstudie
Hauptergebnisse	• Je höher die Selbstwirksamkeits- und Ergebniserwartung vor der Reha war, desto effektiver war die Rehabilitation • Je besser der Gesundheitszustand ist, desto höher ist die Selbstwirksamkeits- und Ergebniserwartung	• Therapieerfolge tragen zur Steigerung der Selbstwirksamkeitserwartung bei • Bessere Schmerzbewältigungsstrategien steigern die Selbstwirklichkeitserwartung, und verbessern die schmerzbedingten und psychischen Beeinträchtigung

In Folgendem wird ein Vergleich zwischen den tabellarisch dargestellten Studien gezogen. Es fällt auf, dass sich die Ergebnisse gegenseitig widersprechen. Die erste aufgeführte Längsschnittstudie liefert das Ergebnis, dass eine hohe Selbstwirksamkeitserwartung den Erfolg der Rehabilitation verstärkt. Die zweite Feldstudie besagt, dass der Erfolg einer Therapie die Selbstwirksamkeitserwartung steigert. Jedoch bezieht sich die erste Studie auf eine physiologische Erkrankung, wobei die zweite Studie Patienten mit einer somatoformer Schmerzstörung untersucht. Es wird sich bei dieser Therapie ohnehin auf die Psychotherapie und deshalb auch auf die Steigerung der Selbstwirksamkeit konzentriert, was bei einer physiotherapeutischen Behandlung nicht der Fall ist.

In der ersten Studie werden zudem circa dreimal so viele Patienten getestet, demnach ist diese Studie präziser. Die Erhebungsinstrumente der ersten Studie waren Fragebögen über diverse Aspekte der Gesundheit und des Wohlbefinden, die zweite Studie nutzte Therapieerfolgsratings und Strukturgleichungsmodelle und war somit theoretischer gebunden. Hinzuzufügen ist, dass die erste Studie drei Messzeitpunkte hat. Demnach ist diese präziser als die zweite, die ausschließlich zwei Messzeitpunkte verwendete.

2 Literaturrecherche

Dieses Kapitel beschreibt die Nikotinsucht, unterteilt in Definition der Sucht allgemein, theoretische Grundlagen der substanzgebundenen Suchterkrankungen, die Entstehung der Tabaksucht, einen Überblick über aktuelle Daten und Zahlen, Präventions- und Interventionsprogramme und zum Schluss die Konsequenz der gesundheitsorientierten Behandlung.

2.1 Definition der Sucht

Als Suchterkrankung versteht man unter Bell (2014, S. 21-23) ein psychisch unkontrollierbares Verlangen nach einer Droge (substanzgebundene Sucht) oder einer bestimmten Handlung (nicht substanzgebundene Sucht), die nur durch die Substanz oder Handlung selbst befriedigt werden kann Dieses Verlangen kann auch physisch erfolgen und quantitativ steigen. Eine Definition für die substanzgebundene Suchterkrankung führt die Definition der ICD-10 auf. „Dabei müssen mindestens drei der folgenden Aspekte während der letzten Jahres vorhanden sein:

1. Ein starker Wunsch oder eine Art Zwang, Substanzen zu konsumieren.
2. Verminderte Kontrollfähigkeit bezüglich des Substanzkonsums („Kontrollverlust").
3. Substanzgebrauch, um Entzugssymptome zu mildern.
4. Körperliches Entzugssyndrom.
5. Nachweis einer Toleranz.
6. Eingeengtes Verhaltensmuster bei Konsum.
7. Fortschreitende Vernachlässigung anderer Vergnügen oder Interessen.
8. Anhaltender Konsum trotz Nachweises eindeutiger schädlicher Folgen" (Bell, 2014, S. 21-22).

Für die nicht substanzgebundenen Suchterkrankungen kann der Begriff Substanz durch Handlung ersetzt werden, Konsum sinngemäß durch Ausübung.

2.2 Theoretische Grundlagen

Die substanzgebundenen Suchterkrankungen sind einer der Hauptgründe für vermeidbare Todes- und Krankheitsfälle und somit zusätzliche Behandlungskosten. Sie werden in verschiedene Substanzen unterteilt, die zu einer Suchterkrankung führen können. „Man unterscheidet diese zwischen verschiedenen psychotropen Substanzen: Alkohol, Opiate, Cannabiodide, Kokain, Sedativ, Halluzinogene, Stimulantien und Tabak" (Martin-Soelch, 2010, S. 153-166).

Das Abhängigkeitssyndrom ist physisch und psychisch gekennzeichnet und weist bei Nichtvorhandensein Entzugserscheinungen bei dem Abhängigen auf. Zudem wird nach und nach eine Toleranz entwickelt, die dazu führt, dass immer größere Mengen konsumiert werden müssen. Tabakkonsum weist unter den stoffgebundenen Suchterkrankungen die größte weltweite Krankheitslast von 4,1% auf, somit wird in dieser Aufgabe folgend auf diese Art von Suchterkrankung hingewiesen (Martin-Soelch, 2010).

2.3 Entstehung

Die Nikotinsucht entsteht auf physischer und psychischer Ebene. Der psychopharmakologische Wirkstoff Nikotin aktiviert die Freisetzung von Neurotransmittern, wie Dopamin, Acetylcholin, Noradrenalin, ß-Endorphin und Serotonin. Diese lösen eine Leistungssteigerung, Stimmungsverbesserung und ein Wohlbefinden beim Raucher aus. Ein Entzug von Nikotin ist jedoch mit Minderung von Neurotransmitterfreisetzung zu verbinden und folglich kann zu Entzugserscheinungen führen (Schröter, Torchalla, & Batra, 2007).

Der psychische Aspekt der Suchtentstehung kann man am Modell der Klassischen Konditionierung Pawlos erklären. Unkonditionierte Stimuli wie Stress, Aufgebrachtheit, oder auch Gegenstände wie Aschenbecher oder Kaffeetassen, werden durch das Rauchen zu konditionierten Stimuli. Das Rauchen entwickelt sich daraufhin in eine gelernte Reaktion, da unter anderem Dopamin als Folge des Rauchens ausgeschüttet wird. Eine chronische Gehirnstörung, die das Rauchen als Belohnungsreiz ansieht, ist die Folge. Durch Überstimulation der Transmittersysteme tritt zudem auch nach regelmäßigem Konsum eine Gewöhnung ein und die Dosis wird nach und nach gesteigert (Schröter, Torchalla, & Batra, 2007).

2.4 Überblick über aktuelle Daten und Zahlen

Laut dem Statistischen Bundesamt (2010, S. 22-23) raucht jeder vierte Deutsche. Das Durchschnittsalter beim ersten Tabakkonsum ist 14,8 Jahre. Deutschlandweit wurden 2007 91,5 Milliarden Zigaretten verkauft. Durch die toxischen Inhalte einer Zigarette wie Teer, Kohlenmonoxid, Benzol, Formaldehyd, Blausäure und Schwermetalle wird Rauchen zu den Nr. 1 der gesundheitlichen Risikofaktoren gezählt. Das Sterbealter eines Rauchers liegt durchschnittlich mit 7 Jahren unter dem Durchschnitt (68,8), da Krebsarten wie Lungen-, Luftröhren- und Kehlkopfkrebs durch die enthaltenen Giftstoffe einer Zigarette ausgelöst werden. Außerdem werden auch kardiovaskuläre Erkrankungen begünstigt.

2.5 Präventions- und Interventionsprogramme zur Reduzierung von Risiken

Da der Kontakt mit Zigaretten bereits in jungen Jahren stattfindet, ist es wichtig, die Primärprävention auch an Schulen für Kinder und Jugendliche nahezubringen, um das Rauchverhalten hinauszuzögern oder gar zu verhindern. Der Nichtraucherwettbewerb „Be smart – don't start" beispielsweise verpflichtet Schüler von der Klassenstufe 6 bis 8, 6 Monate nicht zu rauchen (Pick, Nolte, Koller, Vogelmeier, & Engelhardt-Cabilic, 2005).

In der Primärprävention gibt es psychologische und medikamentöse Interventionsprogramme zur Rauchentwöhnung. Zum einen gibt es die Beratung und die Verhaltenstherapie, die sich beispielsweise in sozialer Unterstützung, Gewichtsmanagement, Entspannungsübungen, dem Kontigenzvertrag, aversives und schnelles Rauchen unterscheidet. Bei einer psychologischen Entwöhnung ist es wichtig, die Motivierung, Selbstbeobachtung, ein Aufbau von Alternativverhalten und die Stimuluskontrolle in den Vordergrund zu bringen, da diese Suchterkrankung, wie in 2.3 aufgeführt, durch eine klassische Konditionierung entsteht. Zum anderen gibt es auch die pharmakologische Therapie, die den Raucher mit verschiedenen Nikotinpflaster und -kaugummis, Bupropion oder Nasalsprays zur physischen Entwöhnung verhilft. Diese Methoden können die Abstinenzrate steigern und dem Raucher dazu verhelfen, die Nikotinsucht zu besiegen (Hoch, Mühlig, Nowak, & Wittchen, 2008, S. 6-9).

2.6 Konsequenzen für eine gesundheitsorientierte Beratung

In Großem und Ganzen ergibt sich somit für die tägliche Arbeit und individuelle Beratung erst einmal die Herausforderung, durch Aufklärung ein Problembewusstsein beim Suchterkrankten zu schaffen und eine Intentionsbildung zu erzielen, da die gesundheitlichen Folgen oftmals missachtet oder verdrängt werden und die Erkrankten oftmals physisch und psychisch abhängig sind. Die Aufklärung und die Entwöhnung sind jedoch von hohem Stellenwert, da das Rauchen ein Grund für Morbidität und Mortalität durch Krebs- und Herzkreislauferkrankungen darstellt. Für eine langfristige Abstinenz sollte auch die Kompetenzerwartung gestärkt werden, die dazu beiträgt, dass kein Rückfall stattfindet, sondern Situationen, die im Gedächtnis noch konditioniert stimuliert sind, mit gesunden Alternativen gemeistert werden.

3 Beratungsgespräch

Das dritte Kapitel bezieht sich auf ein Beratungsgespräch über das Thema Übergewicht, die Beschreibung des Verhaltensänderungsprozesses anhand des transtheoretischen Modells und zum Schluss den Gesprächsverlauf.

3.1 Einordnung des Kunden in das transtheoretische Modell

Frau M. (Fallbeispiel 1) befindet sich in der zweiten Stufe „contemplation" des transtheoretischen Modells, welches in fünf verschiedene Stufen „Stages of Change" unterteilt werden kann. Somit liegen hier noch die Optimierung der Einstellung zum Gesundheits-verhalten und die Intentionsbildung im Vordergrund. Es ist erst einmal vom hohen Stellenwert die Motive und Beweggründe von Frau M. herauszufinden, die emotionale Ebene zu erreichen und ihn somit erstmals ex- als auch intrinsisch langfristig zu motivieren. Hilfreich hierbei sind offene Fragen zur Verdeutlichung der eigenen Ressourcen. Außerdem ist es wichtig, ein Problembewusstsein zu schaffen, das man durch Aufklärung und Information, aber auch durch Visualisierung in einer Kosten-Nutzen Abwägung erreichen kann. Folglich wird das gesundheitspsychologische Ziel dieser Phase dann erreicht, wenn sie den Rubikon überschritten und ein handlungswirksames Ziel mit dem Berater erarbeitet hat. Hilfreich für dieses Ziel ist das Werkzeug der SMART-Zielsetzung, das ihr hilft, die Internventionsmaßnahmen kognitiv-abgestimmt festzuhalten (Pieter, 2016, S. S. 245-256).

3.2 Rolle des Beraters

Die Rolle des Beraters umfasst mehr als nur die Beratung selbst. Die Arbeit beginnt schon bei der Vorbereitung. Die organisatorische Vorbereitung umfasst zum einen das Zeitmanangement, um ausreichend Zeit zum Besprechen von benötigten Unterlagen
einzuplanen. Zum anderen müssen Informationen über den Interessenten studiert
werden.
Es folgt die mentale Vorbereitung, da die eigene Motivation und Überzeugung als Berater wichtig für den Erfolg des Gespräches und die Glaubwürdigkeit ist. Auch die Flexibilität, sich auf individuelle Interessenten mit verschiedensten Problemen einzustellen, ist entscheidend für ein optimales Ergebnis der Arbeit, da jede Person verschiedene Motive und Beweggründe besitzt.

Als nächster Schritt folgt darauf die Kontaktaufnahme, wobei diese durch den ersten Eindruck ein festes Bild des Beraters im Kopfe des Interessenten prägt. Daher ist es umso wichtiger, mit Blickkontakt, der persönlichen Ansprache mit Namen, gepflegtem Äußeren und einem Lächeln den Klienten willkommen zu heißen und seine Ängste somit zu hemmen. Dieser Schritt ist ein Fundament für den weiteren Gesprächsverlauf, da die unsichtbare, emotionale Kommunkationsebene den Schlüssel zur Vertrauensbeziehung bildet.

Das Beratungsgespräch kann durch gesundheits- und interessenbezogene Fragen die Beziehungsebene weiter ausgebaut werden, um besseres Vertrauen aufzubauen und die Interessen des Interessierten herauszufiltern. Dieses muss durch gut durchdachter verbaler und non-verbaler Kommunikation erfolgen. Zum einen muss wie schon erwähnt eine passende, positive Haltung, Mimik und Gestik gegenüber des Interessenten herrschen. Zum anderen ist es auch hilfreich, einen Rapport herzustellen, damit der Klient sich akzeptiert und verstanden fühlt. Wenn die genannten Schritte erfolgt sind, wird dem Klienten Hilfe zur Selbsthilfe gegeben, die Intentions-Verhaltenslücke zu schließen.

Der Berater nimmt eine Coaching Haltung ein. Dies bedeutet, dass die Compliance des Klienten gefördert und die Selbstwirksamkeitserwartung gesteigert werden muss. Eigene Ressourcen des Interessenten werden mit personenzentrierten, offenen Fragen und zum Lernkanal passende Instrumente wie das Vierfelderschema verdeutlicht. Die Selbstreflexion und Denkprozesse können mit alltagsnahen Beispielen angeregt werden, um ihm zum Handeln anzuleiten. Die Bereitschaft zur Mitarbeit und Anleitung zur Selbsthilfe ist ein Muss bei der Umsetzung gesundheitlicher Optimierung des Interessenten (Pieter, 2016, S. 272-276).

3.3 Gesprächsverlauf des Beratungsgespräches

Als ersten Schritt in einem Beratungsgespräch bereite ich mich organisatorisch und mental auf meine Kundin Frau M. vor. Zeitlich vereinbart tritt Frau M. nun bei unserer Beratungsstelle ein. Dabei achte ich auf ein Lächeln, Blickkontakt und eine aufrichte Körperhaltung, damit sie sich willkommen fühlt.

Ich: Guten Tag, Sie müssen Frau M. sein. Schön, dass Sie da sind. Haben Sie gut zu uns gefunden?
Frau M.: Hallo. Ja genau, das bin ich. Danke, ja.

Ich: Das freut mich. Ich stelle mich erst einmal vor. Mein Name ist Julia Keller. Wir werden heute zusammen erarbeiten, wie wir Ihren Lebensstil gesundheitlich optimieren können. Würden Sie mir einmal bitte folgen, Frau M.?

Nun nehmen wir beide schräg gegenüber am Beratungstisch Platz. Da Frau M. sich noch in der Phase der Intuition befindet, müssen hier gezielt das Werkzeug der offenen Fragen genutzt werden, um erst einmal die Motive und Beweggründe herauszufinden.

Ich: Nehmen Sie gerne Platz. Sie Sind das erste Mal hier, nehme ich an?
Frau M.: Ja, das ist alles noch sehr fremd. Aber der erste Schritt ist getan. Ich weiß jedoch einfach nicht weiter.
Ich: Das sehen Sie ganz richtig. Sie haben schon den ersten Schritt getan und wollen etwas verändern, klasse. Was genau soll sich für Sie ändern?
Frau M.: Ich würde gerne abnehmen, weiß nur nicht wie. Ich schaue mir oft alte Fotos an und wünschte, dass ich wieder in mein Brautkleid passe würde.
Ich: Warum denken sie, dass Sie Ihre Pfunde nicht verlieren können, Frau M.? Haben Sie keine soziale Unterstützung?

Mit dem Werkzeug der sozialen Unterstützung wird verdeutlicht, dass Frau M. zukünftig nicht alleine ist, sondern ihre Familie hinter ihr steht.

Frau M.: Doch, die habe ich eigentlich schon. Mein Mann meinte schon mehrere Male, dass er mich dabei unterstützen wird. Manchmal schafft er es auch, dass ich auf Süßes verzichten kann. Seitdem ich mehr nasche, habe ich noch weiter zugenommen. Ich habe keine Zeit zum gesunden Kochen. Ich widme meine ganze Zeit den Kindern.

Ich verdeutliche Frau M. ihre Ressourcen.

Ich: Das klingt doch schon mal super, dass sie es schon einmal geschafft haben. Sie sind zudem sehr fürsorglich, wissen Sie das? Haben Sie denn schon mal regelmäßig Sport getrieben?
Frau M.: Ja, vor der Geburt meiner Kinder, da hatte ich aber mehr Zeit.
Ich: Sie sagen doch, dass Ihr Mann Sie dabei unterstützen wird. Denken Sie nicht, dass er Ihnen zwei Mal wöchentlich die Kinder abnehmen würde?
Frau M.: Stimmt, Sie haben Recht. Darüber habe ich noch gar nicht nachgedacht..

Mir fällt auch gerade ein, dass meine Arbeitskollegin sich neuerdings auch in dem neuen Fitnessstudio gegenüber unserer Arbeit angemeldet hat! Ich finde sonst keine Zeit, etwas mit ihr zu unternehmen, aber man könnte es mit dem Sport kombinieren. Als ich regelmäßig Sport gemacht habe, war ich eh viel zufriedener mit meiner Figur.

Ich: Das klingt doch wunderbar. Sie klingen motiviert. Denken Sie, dass es noch weitere Barrieren gibt, die Ihnen im Wege stehen?

Frau M.: Ja, schon.. Ich finde einfach nicht die Zeit, gesund zu kochen.

Ich: Denken Sie nicht, dass Sie auch ausgewogen essen können, wenn Sie es auch schon geschafft haben, auf Süßes zu verzichten? Wie wäre es, wenn Sie einfach mal zusammen mit Ihren Kindern kochen?

Frau M.: Ich könnte es zumindest mal ausprobieren. Ich finde nur nicht, dass es so gut schmeckt wie Pizza.

Ich: Denken Sie an den Wunsch, mit dem Sie zu uns gekommen sind und überlegen Sie, wie Sie sich fühlen, nachdem Sie diese Pizza gegessen haben. Erst einmal schmeckt sie sehr gut, richtig?

Nun zeige ich mit dem Konsequenzsummenspiel auf, dass die negativen Aspekte ihrer jetzigen Ernährungsweise überwiegen, um das Problembewusstsein noch weiter zu verstärken. Daraufhin werde ich sie auch über die langfristigen Probleme des Übergewichtes informieren.

Frau M.: Ja, aber danach bekomme ich eigentlich immer ein schlechtes Gewissen. Ich: Richtig. Oftmals hat man nur den kurzfristig positiven Aspekt, den Geschmack im Auge. Wenn man jedoch die kurzfristig und langfristig negativen Aspekte beleuchtet, sieht man, dass diese dem positiven Effekt überstimmen. Die Gewichtszunahme wird langfristig steigen und somit die Gefahr an verschiedenen Herzkreislauferkrankungen zu erkranken. Denken Sie an Ihre Familie. Wollen Sie nicht gesund bleiben?

Frau M.: Aus dieser Perspektive habe ich das noch gar nicht gesehen. Ich muss etwas ändern, so kann das wirklich nicht weitergehen.

Jetzt hat Frau M. den Rubikon ist somit überschritten und das Ziel abzunehmen steht fest. Wir schreiten in die präaktionale Volitionsphase weiter. Zudem spreche ich ihr Lob aus, um ihre Selbstwirksamkeitserwartung zu erhöhen. Als nächstes wird auch eine konkrete Handlungsstrategie mit der SMART Zielsetzung erarbeitet. Spezifisch, da es ein 8 wöchiger Zeitraum ist, wo Frau M. zwei mal wöchentlich Sport treiben wird und zwei

Mal gesund vorkochen wird. Messbar ist es, da es ein bestimmter Zeitraum ist. Attraktiv ist es, da sie ihre sozialen Kontakte pflegt und nicht verzichten muss, realistisch weil es zeitlich machbar ist und terminiert, da es ab sofort die nächsten acht Wochen durchgeführt wird.

Ich: Sie können stolz auf sich sein, Frau M.. Ich schlage vor, dass wir zusammen ein Ziel formulieren. Was wollen Sie bis wann erreichen?

Frau M.: Nun ja, insgesamt möchte ich in mein Brautkleid passen. Da wog ich ungefähr 10 kg weniger.

Ich: Wollen wir einen Zeitraum von 8 Wochen festhalten, in dem Sie wöchentlich versuchen, zwei Mal Sport mit Ihrer Arbeitskollegin Sport zu betreiben, wenn Ihr Mann auf die Kinder aufpasst? Dann können wir uns wiedersehen und einen Blick auf die Waage werfen.

Frau M.: Das klingt echt super. Ich werde auch ab sofort versuchen, gesund zu essen. Zudem kann ich endlich wieder was mit meiner Arbeitskollegin unternehmen!

Ich: Genau. Sie können auch zusätzlich mit Ihren Kindern neue Rezepte ausprobieren. Wie oft planen Sie, mit Ihren Kindern zu kochen?

Frau M.: Ich denke, dass es zwei Mal wöchentlich passt. Man kann auch größere Portionen kochen, damit es für die nächsten Tage reicht. Ich habe auch gesehen, dass es leckere Rezepte mit Fruchtsalate gibt, als ich mit den Kindern in der Bücherei war. Dann muss ich gar nicht auf Süßes verzichten. Sie hatten Recht. Ich habe mehr Willensstärke, als ich dachte!

Ich: Super. Wie können Sie sich denn bis zu unserem nächsten Treffen selbst kontrollieren, Frau M.?

Frau M.: Ich werde mir meine Ziele aufschreiben und jeden Tag genau dokumentie-ren, was ich geschafft habe. Ich denke, dass mich das motiviert.

Die präaktionale Volitionsphase wird durch Strategien, dieses Ziel umzusetzen und der Selbstkontrolle abgeschlossen. Nun startet die aktionale Volitionsphase. Hier ist es wichtig, dass die Bindung gehalten wird und ich Frau M. unterstütze.

Ich: Sie klingen wie ein visionärer Typ. Ich werde Ihnen dabei helfen, Ihre Ziele nochmal schriftlich zu formulieren, damit wir es Schritt für Schritt schaffen und Sie wieder in ihr Brautkleid passen. Dann werde ich Sie vor unserem Treffen auch telefonisch kontaktieren, um sicher zu gehen, dass Sie Fortschritte machen.

4 Literaturverzeichnis

Bandura, A. (1997). *Self-efficacy: The exercise of control.* New York: Freeman.

Bell, A. (2014). *Philosophie der Sucht.* Frankfurt am Main: Springer.

Dohnke, B., Müller, Fahrnow, W., & Knäuper, B. (2006). Der Einfluss von Ergebnis-und Selbstwirksamkeitserwartung auf die Ergebnisse einer Rehabilitation nach Hüftgelenkersatz. *Zeitschrift für Gesundheitspsychologie*, 11-20.

Hoch, E., Mühlig, S., Nowak, D., & Wittchen, H. (2008). Rauchen und Nikotinabhängigkeit in Deutschland. *Zeitschrift für Klinische Psychologie und Psychotherapie*, S. 6-9.

Martin-Soelch, C. (2010). *Modelle der Substanzabhängigkeit.* Bern: Hogrefe AG.

Nöthen, M. (2010). *Gesundheit auf einen Blick.* Wiesbaden: Statistisches Bundesamt.

Pick, O., Nolte, B., Koller, M., Vogelmeier, M., & Engelhardt-Cabilic, R. (2005). *Thieme.* Von https://www.thieme-connect.com/products/ejournals/abstract/10.1055/s-2005-920621 abgerufen

Pieter, A. (2016). *Studienbrief Psychologie des Gesundheitsverhaltens.* Saarbrücken: Deutsche Hochschule für Prävention und Gesundheitsmanagement.

Schneider, J., & Rief, W. (2007). Selbstwirksamkeitserwartungen und Therapieerfolge bei Patienten mit anhaltender somatoformer Schmerzstörung. *Zeitschrift für Klinische Psychologie und Psychotherapie*, 46-47.

Schröter, M., Torchalla, I., & Batra, A. (2007). *Psychatrie und Psychotherapie.* New York: Georg Thieme.

Schröter, M., Torchalla, I., & Batra, A. (2007). *Thieme.* Von https://www.thieme-connect.com/products/ejournals/html/10.1055/s-0033-1349532?lang=de abgerufen

5 Abbildungs- und Tabellenverzeichnis

5.1 Abbildungsverzeichnis

Abb. 1: Summenwerte der Selbstwirksamkeits zur Befragung "gesunde Ernährung" 3

5.2 Tabellenverzeichnis

Tab. 1: Vergleich zweier Studien zur Selbstwirksamkeit (Dohnke, Müller, Fahrnow, & Knäuper, 2006, (S. 11-20), (Schneider & Rief, 2007, S. 46-56). 4

BEI GRIN MACHT SICH IHR WISSEN BEZAHLT

- Wir veröffentlichen Ihre Hausarbeit, Bachelor- und Masterarbeit

- Ihr eigenes eBook und Buch - weltweit in allen wichtigen Shops

- Verdienen Sie an jedem Verkauf

Jetzt bei www.GRIN.com hochladen und kostenlos publizieren